GUTE MUFFINS
SIND GAR NICHT leicht zu finden!

Wer gerne Muffins isst, wird es vermutlich auch schon festgestellt haben: Die gekauften sind meistens nicht besonders gut.

Meist wird zu viel Mühe auf ihr Äußeres verwendet. Dann sehen die Muffins natürlich schön aus und haben eine appetitliche Kruste. Beißt man aber hinein, ist man enttäuscht ... nichts als trockener, gesüßter Teig. Davon hatte ich irgendwann genug.

Nachdem ich mich jahrelang darüber beklagt hatte, was man als **Muffin-Fan** alles essen muss, war mir klar: Entweder ich fand mich mit der Realität ab oder ich wurde **selbst aktiv**.

Ich habe niemals kochen gelernt und kann nicht behaupten, eine Autorität auf diesem Gebiet zu sein. Aber ich habe viele Erfahrungen gemacht und aus meinen Fehlern gelernt. In diesem Buch verrate ich Ihnen **meine besten Rezepte** für »gute Muffins«: Muffins, die nicht nur hübsch aussehen, sondern auch gut schmecken – und zwar jedes Mal wieder.

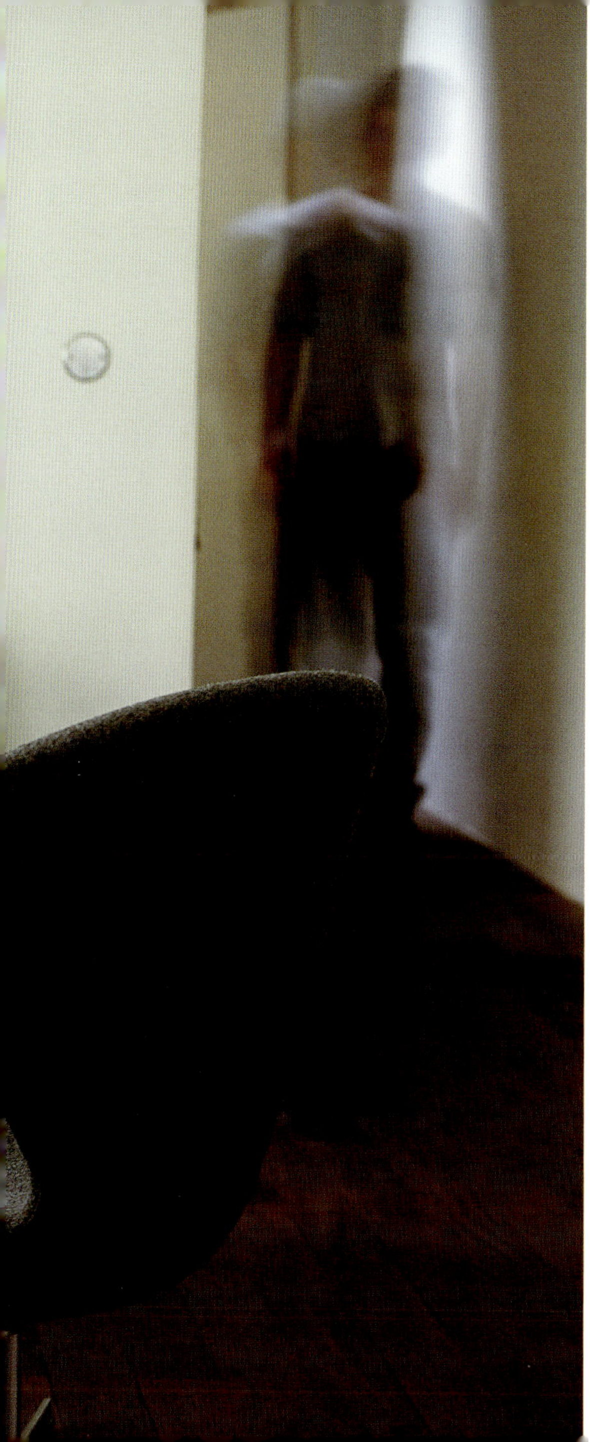

Muffins

BOBS BESTE REZEPTE

MARC GROSSMAN (BOB)

Fotos von Akiko Ida

Gestaltung von Sophie Glaser

INHALT

BOBS GELINGTIPPS

Sokrates sagte einst: »Man soll essen, um zu leben, und nicht leben, um zu essen«. Ich stimme ihm grundsätzlich zu. Trotzdem fände ich es sinnlos, Muffins zu backen, die zwar gut für die Gesundheit sind, aber niemandem schmecken. Ich bin der Meinung, sie sollten so gesund wie möglich sein, ohne dass der Genuss zu kurz kommt. Oft stelle ich allerdings fest, dass es gerade die gesunden Zutaten sind, für die man meine Muffins besonders schätzt. Deshalb hier einige Informationen dazu.

FRÜCHTE

Wie jeder weiß, ist Obst sehr gut für die Gesundheit. Je stärker Früchte allerdings gegart werden, umso weniger Vitalstoffe enthalten sie. Dieses Problem löse ich, indem ich die Fruchtstücke in die Mitte der Muffins fülle. Hier sind sie beim Backen vor der größten Hitze geschützt. Und ich schneide sie nach Möglichkeit nicht zu klein, damit sie fest bleiben. Außerdem gebe ich sehr viele Fruchtstücke in den Teig. Genau genommen so viele wie möglich, ohne dass der Teig zu weich wird. So muss ich mir keine Gedanken machen, ob ich etwas Leckeres oder etwas Gesundes backen will. Die gewünschten Früchte haben gerade keine Saison? Kein Problem, ersetzen Sie sie einfach durch tiefgekühlte Früchte.

BUTTER UND ÖL

Ich gebe ja zu, dass ich Butter liebe – wie übrigens die meisten Menschen. Auf einer Scheibe Brot, zu Pfannkuchen, mit frisch gekochten Kartoffeln oder Nudeln: Ich verwende immer Butter, niemals irgendwelche Ersatzprodukte. Dennoch musste ich akzeptieren, dass Butter für Muffins nicht unbedingt die beste Wahl ist. Hier bevorzuge ich oft Sonnenblumenöl. Zum einen ist es besser für Herz und Kreislauf, weil es mehrfach ungesättigte Fettsäuren enthält (im Gegensatz zu Butter mit ihren gesättigten Fettsäuren). Zum anderen werden die Muffins damit auch besonders saftig. Öl kann nämlich die Proteine im Mehl viel besser binden. So verhindert es, dass zu viel Gluten entsteht und die Muffins austrocknen.

HELLES ODER DUNKLES MEHL?

Für die meisten Rezepte in diesem Buch benötigen Sie Weizenmehl der Type 405 oder 550. Das volle Korn enthält wertvolle Ballaststoffe, Vitamine und Mineralien. Leider gehen die meisten dieser Inhaltsstoffe bei der Herstellung von Auszugsmehl verloren, weil das Korn von seiner Hülle und dem Keimling befreit wird. Vollkornmehl wird mit dem Keim vermahlen und ist deshalb reich an Nährstoffen. Doch leider werden Muffins aus vollwertigem Mehl zu fest. Deshalb backe ich sie lieber aus hellem Auszugsmehl. Wenn Sie jedoch vollwertige Muffins backen möchten, verwenden Sie Mehl der Type 1050 und erhöhen Sie die Flüssigkeitsmenge um zehn Prozent.

GUT ZU WISSEN

Perfekte Muffins sind … runde Küchlein, schön aufgegangen, mit einer goldgelben Kruste, aber nicht zu sehr gebräunt an den Seiten oder am Boden. Innen sind sie locker und saftig, mit vielen Fruchtstückchen oder anderen leckeren Zutaten.

Muffinteig ist schnell zubereitet. Zuerst mischen Sie alle »trockenen Zutaten« wie Mehl, Backpulver oder Nüsse in einer Schüssel. In einer zweiten Schüssel verquirlen Sie die »feuchten Zutaten« wie Eier, Öl, Milch oder Saft. Diesen Mix gießen Sie dann zur Mehlmischung und **verrühren beide Mischungen kurz und zügig**. Dabei reicht es völlig, wenn Sie den Teig einige Male durchrühren. Sicher werden hier und da noch Klümpchen oder trockenes Mehl zu sehen sein. Beim Backen jedoch wird sich alles mischen. Durch langes Rühren entsteht zu viel Gluten, und Kohlendioxid entweicht aus dem Teig. Dadurch werden die Muffins trocken und fest. Das passiert auch, wenn der **Teig zu lange steht**. Das Backpulver wird durch Feuchtigkeit aktiviert. Es beginnt Kohlendioxid freizusetzen und kann beim Backen nur noch wenig Aktivität entfalten. Dieser Prozess verlangsamt sich, wenn man den Teig in den Kühlschrank stellt. Am besten aber schieben Sie die Muffins sofort in den Ofen, sobald der Teig fertig ist. Zum Backen füllen Sie den Teig in ein **Muffinblech oder in Silikonförmchen**. Die Vertiefungen des Muffinblechs müssen Sie vor dem Befüllen fetten, Silikonförmchen werden nur kalt ausgespült.

Gefriertipp: Sie können den Teig auch in Gefrierdosen tiefkühlen und vor dem Backen wieder auftauen. Oder Sie frieren den Teig direkt in den Förmchen ein und schieben die tiefgekühlten Teiglinge in den Ofen. In diesem Fall verlängert sich die Backzeit.

Das Backen

Sie möchten, dass Ihre Muffins schön aufgehen, außen knusprig werden und innen weich bleiben? Dann muss der Backofen unbedingt die **richtige Temperatur** haben, bevor der Teig eingeschoben wird. Unter Zeitdruck neigt man gerne dazu, Anweisungen wie **»den Backofen vorheizen«** zu ignorieren. Aber wenn Sie die Muffins in den kalten Ofen schieben und die Backzeit verlängern, trocknen die Küchlein schnell aus. Gehen sie trotz vorgeheiztem Ofen nicht gut auf oder werden trocken, müssen Sie die Temperatur erhöhen. Werden die Muffins dagegen außen schön braun, sind innen aber noch nicht durchgebacken, müssen Sie die Temperatur reduzieren.

Die Backzeit beträgt durchschnittlich 20–25 Minuten. Je nach Ofenmodell und Förmchengröße kann sie jedoch **von den Angaben im Rezept abweichen**. Um festzustellen, ob die Muffins durchgebacken sind, machen Sie kurz vor Ende der Backzeit eine **Garprobe**. Dafür ein Holzstäbchen in ein Küchlein stechen. Ist das Stäbchen beim Herausziehen trocken und haftet kein Teig mehr daran, sind die Muffins fertig. Noch ein Tipp zum Schluss: Verwenden Sie für meine Rezepte stets zimmerwarme Eier der Größe M.

SCHOKO PUR

Ich gebe ehrlich zu, dass dieses Rezept nicht von mir stammt. Der wunderbare Schokoladenkuchen, den meine französische Schwiegermutter bäckt, hat hier Pate gestanden. Mit einigen kleinen Veränderungen und etwas Espresso sind daraus perfekte Muffins geworden. Vielen Dank, Arlette!

Trockene Zutaten

80 g Mehl (Type 405 oder 550)

1¹/₂ TL Backpulver

¹/₂ TL Salz

185 g Zucker

Feuchte Zutaten

185 g Butter, geschmolzen und abgekühlt

30 ml Espresso, abgekühlt

5 Eier, getrennt

150 g Schokolade, geschmolzen und abgekühlt

Den Backofen auf 220 °C (Umluft 200 °C) vorheizen. Die Muffinförmchen vorbereiten (siehe Seite 6).

Mehl, Backpulver und Salz in einer Schüssel mischen. Flüssige Butter, Espresso und Zucker in einer zweiten Schüssel cremig rühren. Die Eigelbe einrühren. Die Eiweiße steif schlagen.

Die Schokolade und die Mehlmischung zügig unter die Buttermischung rühren. Zuletzt den Eischnee behutsam unterheben. Den Teig in die Förmchen füllen.

Die Muffins sofort in den heißen Backofen (Mitte) schieben und 10–15 Minuten backen. Der Teig soll schön aufgegangen sein, auf Fingerdruck aber noch leicht nachgeben. Die Muffins müssen einen weichen Kern behalten. Deshalb nicht zu lange backen, die Küchlein werden beim Abkühlen noch fester.

Die Muffins aus dem Ofen nehmen. Kurz abkühlen lassen, dann aus den Förmchen lösen.

HEIDELBEER mit Streusel

Woran denken Sie, wenn Sie das Wort »Muffins« hören? Natürlich an Heidelbeermuffins! In den USA findet man sie überall, aber leider nicht immer in guter Qualität. Oft sind sie zu süß, zu trocken, zu dick und selten enthalten sie genügend Heidelbeeren. Hier ist meine supersaftige Version – ein Versuch, diese nationale Schande zu tilgen.

Für die Streusel

4 TL weiche Butter

4 EL Mehl (Type 405 oder 550)

4 EL brauner Zucker

$1/2$ TL gemahlener Zimt

Trockene Zutaten

320 g Mehl (Type 405 oder 550)

3 TL Backpulver

150 g Zucker

Feuchte Zutaten

265 g Crème fraîche

65 ml Sonnenblumenöl

3 Eier

1 TL Bourbon-Vanillezucker

250–300 g Heidelbeeren

Den Backofen auf 220 °C (Umluft 200 °C) vorheizen. Die Muffinförmchen vorbereiten (siehe Seite 6).

Für die Streusel alle Zutaten mit den Fingern oder mit einer Gabel verkneten.

Die trockenen Zutaten in einer Schüssel mischen. Crème fraîche, Öl, Eier und Vanillezucker in einer zweiten Schüssel verquirlen. Zur Mehlmischung gießen und zügig unterrühren.

Die Förmchen halbhoch mit Teig füllen. Die Heidelbeeren darauf verteilen und mit einem Löffel oder mit den Fingern leicht in den Teig drücken. Die Förmchen dann bis zum Rand mit Streuselmasse füllen.

Die Muffins sofort in den heißen Backofen (Mitte) schieben und 15–20 Minuten backen, bis sie außen goldbraun und fest, innen aber noch weich sind. Zur Garprobe mit einem Holzstäbchen in ein Küchlein stechen. Wenn beim Herausziehen kein Teig mehr daran haftet, sind die Muffins gar.

Die Muffins aus dem Ofen nehmen. Kurz abkühlen lassen, dann aus den Förmchen lösen.

ZITRONE und Mohn

Dieses Rezept ergänzt die altbekannte Kombination von Zitrone und Mohn durch süße, saftige Birnenstückchen. Ihnen verdanken diese Muffins ihre perfekte Konsistenz.

Trockene Zutaten

$1^{1}/_{2}$ Bio-Zitronen

320 g Mehl (Type 405 oder 550)

3 TL Backpulver

3 EL Mohnsamen

1 TL Salz

Feuchte Zutaten

200 g Birnen, geschält und entkernt
(geputzt gewogen)

210 g griechischer Joghurt (10 % Fett,
ersatzweise Naturjoghurt)

125 g weiche Butter

150 g Zucker

2 Eier, getrennt

Für die Glasur

60 g Puderzucker

2 EL Zitronensaft

Den Backofen auf 190 °C (Umluft 170 °C) vorheizen.
Die Muffinförmchen vorbereiten (siehe Seite 6).

Die Zitronen heiß abwaschen und abtrocknen. Die Schale mit einem Zestenreißer abziehen, den Saft auspressen. 2 Esslöffel Saft für die Glasur beiseitestellen. Mehl, Backpulver, Mohn, Salz und zwei Drittel der Zitronenschale mischen.

Die Birnen in mandelgroße Stücke schneiden. Die Fruchtstücke dürfen nicht größer sein, sonst läuft der Teig beim Backen über. Den Joghurt mit 40 ml Zitronensaft verquirlen und davon 250 Milliliter abmessen. Bei Bedarf noch mit etwas Joghurt ergänzen.

Butter und Zucker schaumig schlagen. Die Eigelbe einrühren. Die Eiweiße steif schlagen. Den Zitronenjoghurt unter die Buttermischung rühren, den Eischnee behutsam unterheben. Nach und nach die Mehlmischung und die Birnenstücke unterziehen. Den Teig in die Förmchen füllen und mit der restlichen Zitronenschale bestreuen.

Die Muffins sofort in den heißen Backofen (Mitte) schieben und 20–25 Minuten backen, bis sie außen goldbraun und fest, innen aber noch weich sind. Zur Garprobe mit einem Holzstäbchen in ein Küchlein stechen. Wenn beim Herausziehen kein Teig mehr daran haftet, sind die Muffins gar.

Die Muffins aus dem Ofen nehmen. Kurz abkühlen lassen, dann aus den Förmchen lösen. Für die Glasur Puderzucker und Zitronensaft glatt verrühren. Die Muffins noch warm mit der Glasur überziehen.

SCHOKOSTÜCKCHEN

Muffins mit Schokostückchen sind Klassiker, doch geben sie leider häufig Anlass für Kritik. Im Gegensatz zu den meisten anderen sind diese saftig und stecken voller Schokoladenstückchen. Verwenden Sie hochwertige Schokolade, Sie werden den Unterschied schmecken.

Trockene Zutaten

320 g Mehl (Type 405 oder 550)

3 TL Backpulver

50 g Zucker

1 TL Salz

150 g Schokolade, in unregelmäßige Stückchen gehackt

Feuchte Zutaten

1 Ei, getrennt

325 g Crème fraîche

175 ml fettarme Milch (1,5 % Fett)

50 ml Sonnenblumenöl

1 TL Bourbon-Vanillezucker

Den Backofen auf 200 °C (Umluft 180 °C) vorheizen. Die Muffinförmchen vorbereiten (siehe Seite 6).

Mehl, Backpulver, Zucker und Salz in einer Schüssel mischen. Das Eigelb einrühren. Das Eiweiß steif schlagen.

Crème fraîche, Milch, Öl und Vanillezucker zur Mehlmischung geben und zügig unterrühren. Zuletzt den Eischnee und die Schokostückchen behutsam unterheben. Den Teig in die Förmchen füllen.

Die Muffins sofort in den heißen Backofen (Mitte) schieben und 20–25 Minuten backen, bis sie außen goldbraun und fest, innen aber noch weich sind. Zur Garprobe mit einem Holzstäbchen in ein Küchlein stechen. Wenn beim Herausziehen kein Teig mehr daran haftet, sind die Muffins gar.

Die Muffins aus dem Ofen nehmen. Kurz abkühlen lassen, dann aus den Förmchen lösen.

RHABARBER UND ERDBEEREN

Es ist schon toll, dass irgendwann einmal jemand auf die Idee kam, Rhabarber und Erdbeeren miteinander zu kombinieren. Allein der Gedanke, dass die Menschheit bis zu diesem Moment ohne das kulinarische Traumpaar auskommen musste, ist schrecklich! Hier ist mein bescheidener Beitrag zu dieser langen Tradition.

Für die Streusel

4 TL weiche Butter

4 EL Mehl (Type 405 oder 550)

4 EL brauner Zucker

$^1/_2$ TL gemahlener Zimt

Trockene Zutaten

320 g Mehl (Type 405 oder 550)

3 TL Backpulver

150 g Zucker

Feuchte Zutaten

175 g Erdbeeren, in Stücke geschnitten

75 g Rhabarber, gewürfelt

265 g Crème fraîche

65 ml Sonnenblumenöl

3 Eier

1 TL Bourbon-Vanillezucker

Den Backofen auf 220 °C (Umluft 200 °C) vorheizen. Die Muffinförmchen vorbereiten (siehe Seite 6).

Für die Streusel alle Zutaten mit den Fingern oder mit einer Gabel verkneten.

Die trockenen Zutaten in einer Schüssel mischen. Erdbeeren und Rhabarber zufügen. Crème fraîche, Öl, Eier und Vanillezucker in einer zweiten Schüssel verquirlen. Zur Mehlmischung gießen und zügig unterrühren.

Die Förmchen zu drei Vierteln mit Teig füllen. Die Streuselmasse darauf verteilen.

Die Muffins sofort in den heißen Backofen (Mitte) schieben und 15–20 Minuten goldbraun backen. Zur Garprobe mit einem Holzstäbchen in ein Küchlein stechen. Wenn beim Herausziehen kein Teig mehr daran haftet, sind die Muffins gar.

Die Muffins aus dem Ofen nehmen. Kurz abkühlen lassen, dann aus den Förmchen lösen.

HIMBEER

Hier ist eines der einfachsten Rezepte überhaupt. Der mit Butter zubereitete Teig ähnelt einem Biskuit. Er hält sich dezent zurück und überlässt die Hauptrolle den Himbeeren, prall gefüllt mit wertvollen Inhaltsstoffen.

Zutaten

400 g Mehl (Type 405 oder 550)

4 TL Backpulver

75 g Zucker

1 TL Salz

175 g weiche Butter

250 ml fettarme Milch (1,5 % Fett)

350 g Himbeeren

Den Backofen auf 200 °C (Umluft 180 °C) vorheizen. Die Muffinförmchen vorbereiten (siehe Seite 6).

Mehl, Backpulver, Zucker und Salz mischen. Die Butter mit den Fingern oder mit einer Gabel unterkneten. Nach und nach die Milch einrühren.

Die Förmchen halbhoch mit Teig füllen. Die Himbeeren darauf verteilen und mit den Fingern oder mit einem Löffel leicht in den Teig drücken. Sind die Förmchen jetzt nicht zu drei Vierteln gefüllt, noch etwas Teig zugeben.

Die Muffins sofort in den heißen Backofen (Mitte) schieben und 20–25 Minuten backen, bis sie goldbraun und fest sind. Zur Garprobe mit einem Holzstäbchen in ein Küchlein stechen. Wenn beim Herausziehen kein Teig mehr daran haftet, sind die Muffins gar.

Die Muffins aus dem Ofen nehmen. Kurz abkühlen lassen, dann aus den Förmchen lösen.

LEBKUCHEN

Auf die Idee für dieses Rezept haben mich klassische amerikanische Weihnachtsplätzchen mit Ingwer gebracht. Ich habe noch saftige Apfelstückchen zugefügt, und so schmecken diese Muffins nicht nur zum Fest.

Trockene Zutaten

1 Bio-Zitrone

240 g Mehl (Type 405 oder 550)

75 g Haferflocken

3 TL Backpulver

110 g brauner Zucker

3 TL gemahlener Ingwer

5 TL gemahlener Zimt

1 TL Salz

Feuchte Zutaten

325 g Granny-Smith-Äpfel, geschält und entkernt (geputzt gewogen)

150 ml fettarme Milch (1,5 % Fett)

110 ml Sonnenblumenöl

2 Eier

Den Backofen auf 200 °C (Umluft 180 °C) vorheizen. Die Muffinförmchen vorbereiten (siehe Seite 6).

Die Zitrone heiß abwaschen und abtrocknen. Die Schale mit einem Zestenreißer abziehen, den Saft auspressen. Die restlichen trockenen Zutaten in einer Schüssel mischen. Dabei etwas Zucker zum Bestreuen zurückbehalten. Zwei Drittel der Zitronenschale zugeben.

Zwei Drittel der Äpfel fein reiben, ein Drittel in mandelgroße Stifte schneiden. Alle Äpfel mit Zitronensaft beträufeln. Unter die Mehlmischung heben, bis sie ganz mit Mehl überzogen sind. So wird das Fruchtfleisch nicht braun.

Milch, Öl und Eier verquirlen. Zur Mehlmischung gießen und zügig unterrühren. Den Teig in die Förmchen füllen. Mit der restlichen Zitronenschale und dem übrigen Zucker bestreuen.

Die Muffins sofort in den heißen Backofen (Mitte) schieben und 20–25 Minuten backen, bis sie außen goldbraun und fest, innen aber noch weich sind. Zur Garprobe mit einem Holzstäbchen in ein Küchlein stechen. Wenn beim Herausziehen kein Teig mehr daran haftet, sind die Muffins gar.

Die Muffins aus dem Ofen nehmen. Kurz abkühlen lassen, dann aus den Förmchen lösen.

MARMOR MIT ORANGE

Dieses Rezept habe ich für meine Frau entwickelt. Jahrelang hat sie mich gedrängt, Muffins nach dem Vorbild ihres geliebten Marmorkuchens zu backen. Den aß sie so gerne, als wir noch in Los Angeles lebten. Nach vielen Versuchen und ebenso vielen Fehlschlägen habe ich endlich etwas gefunden, das ihr gefällt.

Für den Schokoladenteig

90 g weiche Butter

90 g Zucker

2 Eier, getrennt

75 g Schokolade, geschmolzen und abgekühlt

40 g Mehl (Type 405 oder 550)

Für den Orangenteig

190 g Mehl (Type 405 oder 550)

1 $^1/_2$ TL Backpulver

170 g weiche Butter

150 g Zucker

1 TL Bourbon-Vanillezucker

3 Eier, getrennt

abgeriebene Schale von 2 Bio-Orangen

Den Backofen auf 210 °C (Umluft 190 °C) vorheizen. Die Muffinförmchen vorbereiten (siehe Seite 6).

Für den Schokoladenteig Butter und Zucker schaumig schlagen. Die Eiweiße steif schlagen. Eigelbe, flüssige Schokolade und Mehl zügig unter die Buttermischung rühren. Zuletzt den Eischnee behutsam unterheben.

Für den Orangenteig Mehl und Backpulver mischen. Butter, Zucker und Vanillezucker schaumig schlagen. Die Eiweiße steif schlagen. Eigelbe, Mehlmischung und Orangenschale zügig unter die Buttermischung rühren. Zuletzt den Eischnee behutsam unterziehen.

Die Förmchen halbhoch mit Orangenteig füllen. Mit den Fingern oder mit einer Gabel eine Vertiefung hineindrücken und mit dem Schokoladenteig auffüllen.

Die Muffins sofort in den heißen Backofen (Mitte) schieben und 20–25 Minuten backen, bis sie außen goldbraun und fest, innen aber noch weich sind. Zur Garprobe mit einem Holzstäbchen in ein Küchlein stechen. Wenn beim Herausziehen kein Teig mehr daran haftet, sind die Muffins gar.

Die Muffins aus dem Ofen nehmen. Kurz abkühlen lassen, dann aus den Förmchen lösen.

NACH RÜBLI-ART

Diese Muffins kommen ganz ohne Milchprodukte aus. Äpfel, Orangenschale und Rote Bete machen den Teig saftig und aromatisch. Mit ihrem hohen Gehalt an Betakarotin sind Möhren besonders wohltuend für die Augen und die Haut. Die Rote Bete können Sie roh oder gekocht verwenden oder durch Möhren ersetzen. Dann ähneln die Muffins einer klassischen Rüblitorte.

Trockene Zutaten

255 g Mehl (Type 405 oder 550)

80 g Haferflocken

3 TL Backpulver

140 g brauner Zucker

40 g Walnusskerne, gehackt

40 g Rosinen

abgeriebene Schale von 1 Bio-Orange

4 TL gemahlener Zimt

1 TL geriebene Muskatnuss

1 TL Salz

Feuchte Zutaten

5 Eier

120 ml Sonnenblumenöl

200 g Äpfel, fein geraspelt (geputzt gewogen)

150 g Möhren, fein geraspelt (geputzt gewogen)

50 g Rote Bete, fein geraspelt

Den Backofen auf 200 °C (Umluft 180 °C) vorheizen. Die Muffinförmchen vorbereiten (siehe Seite 6).

Mehl, Haferflocken und Backpulver in einer Schüssel mischen. Die restlichen trockenen Zutaten zufügen. Dabei etwas Zucker zum Bestreuen der Muffins zurückbehalten.

Eier und Öl in einer zweiten Schüssel verquirlen. Äpfel, Möhren und Rote Bete unterrühren. Zur Mehlmischung gießen und zügig unterrühren.

Die Förmchen randvoll mit Teig füllen (er geht beim Backen kaum auf). Die Oberfläche mit dem restlichen Zucker bestreuen.

Die Muffins sofort in den heißen Backofen (Mitte) schieben und 20—25 Minuten backen, bis sie außen goldbraun und fest, innen aber noch weich sind. Zur Garprobe mit einem Holzstäbchen in ein Küchlein stechen. Wenn beim Herausziehen kein Teig mehr daran haftet, sind die Muffins gar.

Die Muffins aus dem Ofen nehmen. Kurz abkühlen lassen, dann aus den Förmchen lösen.

KÜRBIS

Mögen Sie Kürbis? Die lustigen orangefarbenen Kugeln sind reich an Betakarotin, Vitamin C und Ballaststoffen. Wenn ich einen großen Kürbis aufschneide und die Kerne entferne, fühle ich mich fast wie ein Jäger, der ein erlegtes Wild ausnimmt. Die Beute wird zu Muffins verarbeitet, so saftig und leicht wie man sie sich nur wünschen kann. Ist der rohe Kürbis zu hart, garen Sie ihn 45 Minuten bei 180 °C im Backofen. Dann lässt sich das Fleisch leicht zerdrücken.

Trockene Zutaten

340 g Mehl (Type 405 oder 550)

3 TL Backpulver

150 g brauner Zucker

1 EL gemahlener Zimt

1 TL gemahlener Ingwer

$\frac{1}{2}$ TL geriebene Muskatnuss

1 TL Salz

Feuchte Zutaten

80 ml Buttermilch

120 ml Sonnenblumenöl

2 Eier

1 TL Bourbon-Vanillezucker

400 g Kürbisfruchtfleisch, zerdrückt

100 g Rahmfrischkäse

Den Backofen auf 210 °C (Umluft 190 °C) vorheizen. Die Muffinförmchen vorbereiten (siehe Seite 6).

Die trockenen Zutaten in einer Schüssel mischen. Buttermilch, Öl, Eier und Vanillezucker in einer zweiten Schüssel verquirlen. Zur Mehlmischung gießen und zügig miteinander verrühren. Den Kürbis unterheben.

Die Förmchen halbhoch mit Teig füllen. Jeweils 1 gehäuften Teelöffel Rahmfrischkäse daraufsetzen und bis zum Rand mit Teig auffüllen.

Die Muffins sofort in den heißen Backofen (Mitte) schieben und 15–20 Minuten backen, bis sie außen goldbraun und fest, innen aber noch weich sind. Zur Garprobe mit einem Holzstäbchen in ein Küchlein stechen. Wenn beim Herausziehen kein Teig mehr daran haftet, sind die Muffins gar.

Die Muffins aus dem Ofen nehmen. Kurz abkühlen lassen, dann aus den Förmchen lösen.

SAUERKIRSCH

Ich liebe Sauerkirschen. Als Kind wollte ich dauernd die Kirschtaschen einer großen Fast-Food-Kette essen. Heute dagegen bevorzuge ich diese Muffins. Äpfel verleihen dem Teig Feuchtigkeit und eine leicht süße Note. Die Sauerkirschen müssen Sie in jedem Fall vierteln, denn zu große Fruchtstücke lassen den Teig beim Backen überlaufen.

Trockene Zutaten

240 g Mehl (Type 405 oder 550)

75 g Haferflocken

3 TL Backpulver

110 g Zucker

1 EL gemahlener Zimt

1 TL Salz

Feuchte Zutaten

185 g Äpfel, geschält, entkernt und fein geraspelt (geputzt gewogen)

185 g Sauerkirschen, entkernt und geviertelt

150 ml Milch (1,5 % Fett)

110 ml Sonnenblumenöl

2 Eier

Den Backofen auf 200 °C (Umluft 180 °C) vorheizen. Die Muffinförmchen vorbereiten (siehe Seite 6).

Die trockenen Zutaten in einer Schüssel mischen. Dabei etwas Zucker zum Bestreuen der Muffins zurückbehalten. Äpfel und Kirschen zugeben und unterheben, bis sie ganz mit Mehl überzogen sind. So wird das Fruchtfleisch nicht braun.

Milch, Öl und Eier verquirlen. Zur Mehlmischung gießen und zügig unterrühren. Den Teig in die Förmchen füllen und mit dem restlichen Zucker bestreuen.

Die Muffins sofort in den heißen Backofen (Mitte) schieben und 20–25 Minuten backen, bis sie außen goldbraun und fest, innen aber noch weich sind. Zur Garprobe mit einem Holzstäbchen in ein Küchlein stechen. Wenn beim Herausziehen kein Teig mehr daran haftet, sind die Muffins gar.

Die Muffins aus dem Ofen nehmen. Kurz abkühlen lassen, dann aus den Förmchen lösen.

BIRNE

Als ich eines Tages meine Bestellungen für Bob's Juice Bar durcheinanderbrachte, hatte ich einige Kilo schöne reife Birnen zu viel. Ich wollte sie nicht wegwerfen und entschloss mich, sie für Muffins zu verwenden ... So ist dieses Rezept entstanden, das meine Kunden bis heute besonders lieben.

Trockene Zutaten

240 g Mehl (Type 405 oder 550)

75 g feine Haferflocken

3 TL Backpulver

85 g Zucker

1 EL gemahlener Zimt

1 TL Salz

Feuchte Zutaten

225 g Äpfel, geschält, entkernt und fein geraspelt (geputzt gewogen)

150 g Birnen, entkernt und gewürfelt (geputzt gewogen)

150 ml fettarme Milch (1,5 % Fett)

110 ml Sonnenblumenöl

2 Eier

Den Backofen auf 200 °C (Umluft 180 °C) vorheizen. Die Muffinförmchen vorbereiten (siehe Seite 6).

Die trockenen Zutaten in einer Schüssel mischen. Dabei etwas Zucker zum Bestreuen der Muffins zurückbehalten. Äpfel und Birnen zugeben und unterheben, bis sie ganz mit Mehl überzogen sind. So wird das Fruchtfleisch nicht braun.

Milch, Öl und Eier verquirlen. Zur Mehlmischung gießen und zügig unterrühren. Den Teig in die Förmchen füllen und mit dem restlichen Zucker bestreuen.

Die Muffins sofort in den heißen Backofen (Mitte) schieben und 20–25 Minuten backen, bis sie außen goldbraun und fest, innen aber noch weich sind. Zur Garprobe mit einem Holzstäbchen in ein Küchlein stechen. Wenn beim Herausziehen kein Teig mehr daran haftet, sind die Muffins gar.

Die Muffins aus dem Ofen nehmen. Kurz abkühlen lassen, dann aus den Förmchen lösen.

MATCHA

Die wichtigste Zutat in diesem Rezept ist Matcha, staubfein gemahlener japanischer Grüntee. Mit ihrer grünen Farbe scheinen diese Muffins geradewegs vom Mars zu kommen. Aber kein Grund zur Sorge – außer vielleicht, dass man nicht mehr aufhören kann, wenn man sie einmal probiert hat.

Zutaten:

255 g Mehl (Type 405 oder 550)

2 TL Backpulver

20 g Matcha (Grünteepulver)

100 g weiße Schokolade

330 g weiche Butter

300 g Zucker

7 Eier, getrennt

50 g Pinienkerne

Den Backofen auf 200 °C (Umluft 180 °C) vorheizen. Die Muffinförmchen vorbereiten (siehe Seite 6).

Mehl, Backpulver und Matcha mischen. Die Schokolade in unregelmäßige kleine Stücke hacken.

Butter und Zucker schaumig schlagen. Die Eigelbe einrühren. Die Eiweiße steif schlagen. Die Mehlmischung zügig unter die Buttermischung rühren. Zuletzt den Eischnee behutsam unterheben. Der Teig ist ziemlich fest.

Die Förmchen randvoll mit Teig füllen. Die Schokostückchen gleichmäßig auf die Muffins streuen und leicht andrücken. Sie schmelzen beim Backen, aber ihr Geschmack bleibt deutlich wahrnehmbar. Die Mitte der Muffins mit Pinienkernen bestreuen und ebenfalls leicht festdrücken.

Die Muffins sofort in den heißen Backofen (Mitte) schieben und 20–25 Minuten backen, bis sie außen goldbraun und fest, innen aber noch weich sind. Zur Garprobe mit einem Holzstäbchen in ein Küchlein stechen. Wenn beim Herausziehen kein Teig mehr daran haftet, sind die Muffins gar.

Die Muffins aus dem Ofen nehmen. Kurz abkühlen lassen, dann aus den Förmchen lösen.

MANGO TIME

Mango und Mangochutney machen diese Muffins gleichzeitig süß und pikant. Wichtig für das Gelingen ist eine schöne reife Mango. Die Frucht sollte auf Fingerdruck leicht nachgeben und intensiv duften. Diese Muffins schmecken warm ausgezeichnet. Sie können sie solo genießen oder als Beilage servieren.

Zutaten

400 g Mehl (Type 405 oder 550)

4 TL Backpulver

50 g Zucker

1 TL Salz

175 g weiche Butter

250 ml fettarme Milch (1,5 % Fett)

250 g Mangofruchtfleisch

100 g Mangochutney

Den Backofen auf 200 °C (Umluft 180 °C) vorheizen. Die Muffinförmchen vorbereiten (siehe Seite 6).

Mehl, Backpulver, Zucker und Salz mischen. Die Butter zufügen und mit den Fingern oder mit einer Gabel unterkneten. Nach und nach die Milch einrühren.

Das Mangofruchtfleisch in kleine Stücke schneiden und mit dem Chutney verrühren. Die Fruchtmischung unter den Teig ziehen. Den Teig gleichmäßig in die Förmchen füllen.

Die Muffins sofort in den heißen Backofen (Mitte) schieben und 20–25 Minuten backen, bis sie goldbraun und fest sind. Zur Garprobe mit einem Holzstäbchen in ein Küchlein stechen. Wenn beim Herausziehen kein Teig mehr daran haftet, sind die Muffins gar.

Die Muffins aus dem Ofen nehmen. Kurz abkühlen lassen, dann aus den Förmchen lösen.

DULCE DE LECHE nach Art von La Cocotte

Das Rezept für diese köstlichen Muffins, die an Käsekuchen erinnern, stammt von La Cocotte, einer Spezialbuchhandlung in Paris. Hier findet man neben einem umfangreichen Buchangebot auch Küchenutensilien aller Art – und auch Dulce de leche, eine süße Konfitüre aus karamellisierter Milch.

Für den Teig

270 g Mehl (Type 405 oder 550)

2 TL Backpulver

50 g Zucker

2 Eier

100 ml Milch

80 ml Pflanzenöl

250 g Dulce de leche (aus dem Feinkostregal)

125 g Walnusskerne, gehackt

Für die Käsemasse

125 g Ricotta

75 g Rahmfrischkäse

2 EL Crème fraîche

2 EL Zucker

1 Ei

1 TL Bourbon-Vanillezucker

3 EL Mehl

Für die Garnitur

50 g Dulce de leche (aus dem Feinkostregal)

50 g Walnusskerne, gehackt

Den Backofen auf 180 °C (Umluft 160 °C) vorheizen. Die Muffinförmchen vorbereiten (siehe Seite 6).

Für den Teig das Mehl mit dem Backpulver sieben. Zucker, Eier, Milch, Öl und Dulce de leche verquirlen. Mehl und Nüsse einrühren.

Für die Käsemasse alle Zutaten glatt verrühren.

Jeweils 1 Esslöffel Teig in die Förmchen geben. Darauf je 1 gehäuften Teelöffel Dulce de leche setzen und mit 1 Esslöffel Käsemasse bedecken. Die drei Teigschichten mit einem Holzstäbchen leicht durchziehen. Mit den gehackten Nüssen bestreuen.

Die Muffins sofort in den heißen Backofen (Mitte) schieben und 30–35 Minuten backen. Die Küchlein aus dem Ofen nehmen. Kurz abkühlen lassen, dann aus den Förmchen lösen.

ZUCCHINI

Wer Zucchini bisher nur in pikanten Gerichten probiert hat, darf sich auf eine Überraschung freuen. In diesen laktosefreien Muffins verbinden sich weiche, aromatische Zucchinistückchen mit knackigen, säuerlichen Granny-Smith-Äpfeln zu einem völlig neuen Geschmackserlebnis.

Trockene Zutaten

320 g Mehl (Type 405 oder 550)

3 TL Backpulver

150 g Zucker

50 g gehackte Walnusskerne

50 g Rosinen

2 TL gemahlener Zimt

1 TL Salz

Feuchte Zutaten

4 Eier

150 ml Sonnenblumenöl

150 g Granny-Smith-Äpfel, fein geraspelt (geputzt gewogen)

150 g Zucchini, fein geraspelt (geputzt gewogen)

18 lange Streifen Zucchinischale

Den Backofen auf 200 °C (Umluft 180 °C) vorheizen.

Die Muffinförmchen vorbereiten (siehe Seite 6).

Das Mehl mit dem Backpulver sieben, dann die übrigen trockenen Zutaten untermischen. Dabei etwas Zucker zum Bestreuen der Muffins zurückbehalten.

Eier und Öl verquirlen. Die Apfel- und Zucchiniraspel unterheben. Zur Mehlmischung gießen und zügig unterrühren.

Den Teig in die Förmchen füllen. Die Muffins mit je 1 Streifen Zucchinischale dekorieren und mit dem restlichen Zucker bestreuen.

Die Muffins sofort in den heißen Backofen (Mitte) schieben und 20–25 Minuten backen, bis sie außen goldbraun und fest, innen aber noch weich sind. Zur Garprobe mit einem Holzstäbchen in ein Küchlein stechen. Wenn beim Herausziehen kein Teig mehr daran haftet, sind die Muffins gar.

Die Muffins aus dem Ofen nehmen. Kurz abkühlen lassen, dann aus den Förmchen lösen.

BANANA

In Bob's Juice Bar gibt es immer wieder Gäste, die keine Bananen mögen. Das ist für mich etwa so, als würde jemand die Sonne hassen. Falls Sie nicht auch zu diesen »Bananophoben« gehören, müssten ihnen diese Muffins gefallen – besonders saftig, mit Kokosmilch, Datteln und Pekannüssen.

Trockene Zutaten

240 g Mehl (Type 405 oder 550)

75 g feine Haferflocken

3 TL Backpulver

55 g brauner Zucker

40 g Pekannusskerne

2 EL gemahlener Zimt

1 TL Salz

Feuchte Zutaten

75 g getrocknete Datteln mit Stein

190 g griechischer Joghurt (10 % Fett, ersatzweise Naturjoghurt)

115 ml Sonnenblumenöl

75 ml Kokosmilch

60 g Akazienhonig oder anderer flüssiger Honig

3 Eier

1 TL Bourbon-Vanillezucker

225 g Bananenfruchtfleisch

Den Backofen auf 180 °C (Umluft 160 °C) vorheizen. Die Muffinförmchen vorbereiten (siehe Seite 6).

Die Datteln mit kochendem Wasser übergießen und 10 Minuten quellen lassen. Die trockenen Zutaten in einer Schüssel mischen. Dabei etwas Zucker zum Bestreuen der Muffins zurückbehalten.

Joghurt, Öl, Kokosmilch, Honig, Eier und Vanillezucker verquirlen. Die Bananen mit einer Gabel fein zerdrücken und unterheben.

Die Datteln abgießen, entkernen und in kleine Stücke schneiden. Die Stücke zur Joghurtmischung geben.

Die Joghurtmischung zur Mehlmischung gießen und zügig unterrühren. Den Teig randvoll in die Förmchen füllen.

Die Muffins sofort in den heißen Backofen (Mitte) schieben und 20–25 Minuten backen, bis sie außen goldbraun und fest, innen aber noch weich sind. Zur Garprobe mit einem Holzstäbchen in ein Küchlein stechen. Wenn beim Herausziehen kein Teig mehr daran haftet, sind die Muffins gar.

Die Muffins aus dem Ofen nehmen. Kurz abkühlen lassen, dann aus den Förmchen lösen.

ORANGE, Süßkartoffel und Cranberry

Wenn Sie sich im Winter nach ein paar Sonnenstrahlen sehnen, probieren Sie diese Muffins. Im Nu wird es Ihnen besser gehen. Ohne Fett und Milchprodukte gebacken, stecken diese leichten, farbenfrohen Muffins voller Betakarotin und Vitamin C – und schmecken einfach köstlich.

Trockene Zutaten

150 g getrocknete Cranberrys

320 g Mehl (Type 405 oder 550)

3 TL Backpulver

40 g brauner Zucker

1 EL gemahlener Zimt

1 TL Salz

$\frac{1}{2}$ TL geriebene Muskatnuss

abgeriebene Schale von 2 Bio-Orangen

50 g Walnusskerne, gehackt

Feuchte Zutaten

300 ml frisch gepresster Orangensaft

4 Eier

250 g Süßkartoffeln, gegart, gepellt, abgekühlt und zerdrückt

Den Backofen auf 200 °C (Umluft 180 °C) vorheizen. Die Muffinförmchen vorbereiten (siehe Seite 6).

Die Cranberrys mit kochendem Wasser übergießen und 5 Minuten quellen lassen. Die restlichen trockenen Zutaten mischen.

Orangensaft, Eier und Süßkartoffelpüree verquirlen. Die Cranberrys abgießen und abtropfen lassen.

Die Saftmischung zur Mehlmischung gießen und zügig unterrühren. Zuletzt die Cranberrys unterziehen. Den Teig in die Förmchen füllen.

Die Muffins sofort in den heißen Backofen (Mitte) schieben und 15–20 Minuten backen, bis sie außen goldbraun und fest, innen aber noch weich sind. Zur Garprobe mit einem Holzstäbchen in ein Küchlein stechen. Wenn beim Herausziehen kein Teig mehr daran haftet, sind die Muffins gar.

Die Muffins aus dem Ofen nehmen. Kurz abkühlen lassen, dann aus den Förmchen lösen.

NACH QUÄKER-ART

Weizenkleie ist nicht nur eine ausgezeichnete Quelle für Vitamine und Ballaststoffe, sie hat auch einen angenehmen Biss und einen guten Geschmack. Dieses Rezept kombiniert ein klassisches amerikanisches Vorbild mit echt französischen Elementen: mit Ziegenkäse und Feigen.

Trockene Zutaten

240 g Mehl (Type 405 oder 550)

100 g Weizenkleie

3 TL Backpulver

175 g brauner Zucker

1 TL Salz

Feuchte Zutaten

250 g Äpfel, entkernt und fein geraspelt (geputzt gewogen)

250 g frische Feigen, gewürfelt (geputzt gewogen)

185 ml Milch

185 ml Sonnenblumenöl

3 Eier

100 g Ziegenfrischkäse

Den Backofen auf 190 °C (Umluft 170 °C) vorheizen. Die Muffinförmchen vorbereiten (siehe Seite 6).

Die trockenen Zutaten mischen. Die Äpfel und Feigen zugeben. Milch, Öl und Eier verquirlen. Zur Mehlmischung gießen und zügig unterrühren.

Den Teig halbhoch in die Förmchen füllen. Jeweils in die Mitte 1 gehäuften Teelöffel Ziegenkäse setzen und mit dem restlichen Teig bedecken. Der Teig darf dabei bis zum Rand reichen.

Die Muffins sofort in den heißen Backofen (Mitte) schieben und 20–25 Minuten backen, bis sie außen goldbraun und fest, innen aber noch weich sind. Zur Garprobe mit einem Holzstäbchen in ein Küchlein stechen. Wenn beim Herausziehen kein Teig mehr daran haftet, sind die Muffins gar.

Die Muffins aus dem Ofen nehmen. Kurz abkühlen lassen, dann aus den Förmchen lösen.

KAFFEEPAUSE

Ich lobe mich ja ungern selbst, aber diese leckeren Muffins sind einfach unschlagbar. Der Streuselbelag ist knusprig und nicht zu dick, der Teig darunter ist dank der Äpfel saftig und süß. Und im Unterschied zu anderem Kaffeegebäck enthalten diese Muffins tatsächlich Kaffee.

Für die Espressofüllung

2 EL gemahlener Espressokaffee

4 EL gemahlene Mandeln

4 EL brauner Zucker

Für die Streusel

4 TL weiche Butter

4 EL Mehl (Type 405 oder 550)

4 EL brauner Zucker

1 EL Espressofüllung

Trockene Zutaten

240 g Mehl (Type 405 oder 550)

75 g feine Haferflocken

3 TL Backpulver

85 g Zucker

1 EL gemahlener Zimt

1 TL Salz

Feuchte Zutaten

150 ml Milch

110 ml Sonnenblumenöl

2 Eier

260 g Äpfel, geschält, entkernt und fein geraspelt (geputzt gewogen)

Den Backofen auf 200 °C (Umluft 180 °C) vorheizen. Die Muffinförmchen vorbereiten (siehe Seite 6).

Für die Espressofüllung Espressopulver, Mandeln und Zucker verrühren. Für die Streusel alle Zutaten mit den Fingern oder mit einer Gabel verkneten.

Die trockenen Zutaten in einer Schüssel mischen. Milch, Öl und Eier verquirlen. Zur Mehlmischung gießen, die Äpfel zugeben und alles zügig verrühren.

Den Teig halbhoch in die Förmchen füllen. Jeweils 2 Teelöffel der Espressofüllung aufstreuen. Beide Schichten mit einem Löffel leicht verrühren, aber nicht vollständig vermischen. So bildet die Espressofüllung keine feste Schicht und die Muffins brechen nicht, wenn man sie aus der Form löst. Noch etwas Teig darauf verteilen. Die Förmchen dann bis zum Rand mit Streuselmasse füllen.

Die Muffins sofort in den heißen Backofen (Mitte) schieben und in 20–25 Minuten goldbraun backen. Zur Garprobe mit einem Holzstäbchen in ein Küchlein stechen. Wenn beim Herausziehen kein Teig mehr daran haftet, sind die Muffins gar.

Die Muffins aus dem Ofen nehmen. Kurz abkühlen lassen, dann aus den Förmchen lösen.

KLEBRIGE FINGER

Ich warne Sie: Diese Muffins sind gefährlich gut. So gut, dass ich davon immer nur eine kleine Anzahl backe ... Man sollte sie maßvoll konsumieren. Zwei oder drei sind völlig in Ordnung. Vier oder fünf sind eigentlich schon zu viel, aber gerade noch im Rahmen. Beim siebten ist es möglicherweise an der Zeit, den Arzt zu rufen ... auf jeden Fall aber, sich die Hände zu waschen.

Trockene Zutaten

240 g Mehl (Type 405 oder 550)

75 g feine Haferflocken

3 TL Backpulver

40 g brauner Zucker

1 TL Salz

Feuchte Zutaten

185 g getrocknete Datteln mit Stein

115 g Äpfel, entkernt und fein geraspelt (brutto 175 g)

150 ml Milch

110 ml Sonnenblumenöl

2 Eier

150 g Dulce de leche (Milchkonfitüre, aus dem Feinkostregal)

Den Backofen auf 200 °C (Umluft 180 °C) vorheizen. Die Muffinförmchen vorbereiten (siehe Seite 6).

Die Datteln mit kochendem Wasser übergießen und 10 Minuten quellen lassen.

Die trockenen Zutaten in einer Schüssel mischen. Die Äpfel unterheben. Die Datteln abgießen, entkernen und in sehr kleine Stücke schneiden oder fein zerdrücken.

Milch, Öl und Eier verquirlen. Zur Mehlmischung gießen und zügig unterrühren. Den Teig halbhoch in die Förmchen füllen. Darauf jeweils etwas Dattelmasse und 1 gehäuften Teelöffel Dulce de leche verteilen. Mit Teig auffüllen. Zuletzt jeweils noch etwas Dattelmasse und Dulce de leche auf die Muffins geben. Der Großteil von beidem soll jedoch in den Muffins sein.

Die Muffins auf das mit Alufolie belegte Ofengitter stellen. Sofort in den heißen Backofen (Mitte) schieben und 20–25 Minuten backen, bis sie außen goldbraun, innen aber noch weich sind. Wenn die Oberseite zu schnell bräunt, die Muffins mit Alufolie abdecken. Zur Garprobe mit einem Holzstäbchen in ein Küchlein stechen. Wenn beim Herausziehen kein Teig mehr daran haftet, sind die Muffins gar.

Die Muffins aus dem Ofen nehmen. Kurz abkühlen lassen, dann aus den Förmchen lösen.

SCHOKOLADE UND KOKOSNUSS

Kokosmilch und Kokosraspel schenken diesen Muffins tropisches Flair. Auch wenn das Kokosfett vor allem gesättigte Fettsäuren enthält, ist es doch wertvoll für die Gesundheit.

Trockene Zutaten

105 g Mehl (Type 405 oder 550)

300 g Zucker

1 TL Backpulver

85 g Kakaopulver

50 g Kokosraspel

Feuchte Zutaten

165 ml Pflanzenöl

65 ml Kokosmilch

4 Eier, getrennt

Den Backofen auf 200 °C (Umluft 180 °C) vorheizen. Die Muffinförmchen vorbereiten (siehe Seite 6).

Die trockenen Zutaten in einer Schüssel mischen. Dabei etwa 1 Esslöffel Kokosraspel zum Bestreuen der Muffins zurückbehalten.

Öl, Kokosmilch und Eigelbe in einer zweiten Schüssel verquirlen. Die Eiweiße steif schlagen.

Die Kokosmischung zur Mehlmischung gießen und zügig unterrühren. Zuletzt den Eischnee behutsam unterheben. Den Teig in die Förmchen füllen und mit den restlichen Kokosraspeln bestreuen.

Die Muffins sofort in den heißen Backofen (Mitte) schieben und 20–25 Minuten backen, bis sie außen goldbraun und fest, innen aber noch weich sind. Zur Garprobe mit einem Holzstäbchen in ein Küchlein stechen. Wenn beim Herausziehen kein Teig mehr daran haftet, sind die Muffins gar.

Die Muffins aus dem Ofen nehmen. Kurz abkühlen lassen, dann aus den Förmchen lösen.

RICOTTA UND ERDBEEREN

Viele Erdbeerstückchen in einem saftig schmelzenden Teig, nicht zu süß, fast wie ein Käsekuchen – muss ich noch mehr sagen? Testen Sie selbst.

Trockene Zutaten

400 g Mehl (Type 405 oder 550)

4 TL Backpulver

150 g Zucker

1 TL Salz

Feuchte Zutaten

300 g Erdbeeren

300 g Ricotta

85 ml Sonnenblumenöl

85 ml fettarme Milch (1,5 % Fett)

2 Eier, getrennt

Den Backofen auf 180 °C (Umluft 160 °C) vorheizen. Die Muffinförmchen vorbereiten (siehe Seite 6).

Die trockenen Zutaten mischen. Die Erdbeeren behutsam waschen, trocken tupfen und entkelchen. Die Früchte in kleine Stücke schneiden. Ricotta, Öl, Milch und Eigelbe verquirlen. Die Eiweiße steif schlagen.

Die Ricottamischung zur Mehlmischung gießen. Die Erdbeeren zugeben und alles zügig verrühren. Zuletzt den Eischnee behutsam unterheben. Den Teig in die Förmchen füllen.

Die Muffins sofort in den heißen Backofen (Mitte) schieben und 15–20 Minuten backen, bis sie außen goldbraun und fest, innen aber noch weich sind. Zur Garprobe mit einem Holzstäbchen in ein Küchlein stechen. Wenn beim Herausziehen kein Teig mehr daran haftet, sind die Muffins gar.

Die Muffins aus dem Ofen nehmen. Kurz abkühlen lassen, dann aus den Förmchen lösen.

MANDEL-KIRSCH

Mandeln sind das perfekte Beispiel für ein Lebensmittel, das zugleich gesund und lecker ist. Sie enthalten Proteine, ungesättigte Fettsäuren, Magnesium, Kalium und Vitamin E. Bei diesem Rezept verbinden sich Marzipan und gemahlene Mandeln mit saftigen Kirschen zu unwiderstehlichen Muffins. Die Kirschen müssen Sie unbedingt vierteln, zu große Fruchtstücke lassen den Teig beim Backen überlaufen.

Für die Streusel

2 TL weiche Butter

2 TL Marzipanrohmasse

4 EL Mehl (Type 405 oder 550)

4 EL brauner Zucker

Trockene Zutaten

320 g Mehl (Type 405 oder 550)

3 TL Backpulver

150 g Zucker

125 g gemahlene Mandeln

1 TL Salz

Feuchte Zutaten

250 ml Buttermilch

125 ml Sonnenblumenöl

2 Eier

150 g Süßkirschen, entkernt und geviertelt

Den Backofen auf 200 °C (Umluft 180 °C) vorheizen. Die Muffinförmchen vorbereiten (siehe Seite 6).

Für die Streusel Butter und Marzipanrohmasse mit den Händen oder mit einer Gabel verkneten. Nacheinander Mehl und Zucker unterkneten.

Die trockenen Zutaten in einer Schüssel mischen. Buttermilch, Öl und Eier verquirlen. Die Buttermilchmischung zur Mehlmischung gießen. Die Kirschen zugeben und alles zügig verrühren.

Die Förmchen zu zwei Dritteln mit Teig füllen. Dann bis zum Rand mit Streuselmasse auffüllen.

Die Muffins sofort in den heißen Backofen (Mitte) schieben und in 20–25 Minuten goldbraun backen. Zur Garprobe mit einem Holzstäbchen in ein Küchlein stechen. Wenn beim Herausziehen kein Teig mehr daran haftet, sind die Muffins gar.

Die Muffins aus dem Ofen nehmen. Kurz abkühlen lassen, dann aus den Förmchen lösen.

HEIDELBEER mit Mais

Diese Muffins enthalten weniger Zucker als klassische Heidelbeermuffins und erinnern kaum an Kuchen. Mit Buttermilch und Maismehl zubereitet, schmecken sie ausgezeichnet zum Frühstück.

Trockene Zutaten

190 g Mehl (Type 405 oder 550)

210 g Maismehl

3 TL Backpulver

75 g Zucker

1 TL Salz

Feuchte Zutaten

180 g Heidelbeeren

400 ml Buttermilch

75 g Butter, geschmolzen

2 Eier

Den Backofen auf 220 °C (Umluft 200 °C) vorheizen. Die Muffinförmchen vorbereiten (siehe Seite 6).

Die trockenen Zutaten in einer Schüssel mischen. Dabei etwas Zucker zum Bestreuen der Muffins zurückbehalten. Die Heidelbeeren zufügen.

Buttermilch, flüssige Butter und Eier verquirlen. Zur Mehlmischung gießen und zügig unterrühren, bis der Teig sich violett färbt.

Den Teig in die Förmchen füllen und mit dem restlichen Zucker bestreuen.

Die Muffins sofort in den heißen Backofen (Mitte) schieben und 15–20 Minuten backen, bis sie außen goldbraun und fest, innen aber noch weich sind. Zur Garprobe mit einem Holzstäbchen in ein Küchlein stechen. Wenn beim Herausziehen kein Teig mehr daran haftet, sind die Muffins gar.

Die Muffins aus dem Ofen nehmen. Kurz abkühlen lassen, dann aus den Förmchen lösen.

KUGEL oder Nudelauflauf

Als Kind besuchte ich gerne meine Großmutter in Brooklyn, denn bei ihr gab es häufig Kugel, einen Nudelauflauf. Diese jüdische Spezialität isst man warm zu herzhaften Speisen oder kalt als Dessert. Auf meinen nächtlichen Raubzügen naschte ich ihn am liebsten direkt aus dem Kühlschrank, zusammen mit etwas kaltem Huhn.

Zutaten

175 g Fadennudeln mit Ei

100 g getrocknete Cranberrys oder Rosinen

45 g Mehl (Type 405 oder 550)

1/2 TL Backpulver

2 EL gemahlener Zimt

1 TL Salz

5 Eier

35 ml Sonnenblumenöl

175 g Apfelkompott ohne Zucker

75 g Akazienhonig oder anderer flüssiger Honig

1 TL Bourbon-Vanillezucker

175 g Granny-Smith-Äpfel, entkernt und gewürfelt (geputzt gewogen)

Den Backofen auf 180 °C (Umluft 160 °C) vorheizen. Die Muffinförmchen vorbereiten (siehe Seite 6).

Die Nudeln nach Packungsangabe bissfest garen. In ein Sieb abgießen und kalt abschrecken. Die Cranberrys mit kochendem Wasser übergießen und einige Minuten quellen lassen.

Mehl, Backpulver, Zimt und Salz in einer Schüssel mischen. Eier, Öl, Apfelkompott, Honig und Vanillezucker verquirlen. Zur Mehlmischung gießen und zügig unterrühren. Abgetropfte Nudeln, Cranberrys und Apfelwürfel unterheben.

Die Förmchen randvoll mit Teig füllen (er geht beim Backen kaum auf). Wurden Rosinen statt Cranberrys verwendet, diese sorgfältig in den Teig drücken, damit sie nicht verbrennen.

Die Muffins sofort in den heißen Backofen (Mitte) schieben und 30–35 Minuten backen, bis sie goldbraun sind und der Teig keine Blasen mehr wirft. Wenn die Oberseite zu schnell bräunt, mit Alufolie abdecken.

Die Muffins aus dem Ofen nehmen. Kurz abkühlen lassen, dann aus den Förmchen lösen.

MAISBROT

Maisbrot ist eine amerikanische Spezialität. Es verursacht mir immer Heimweh, und das liegt sicher nicht nur daran, dass ich im Ausland lebe. Dieses Brot versetzt mich geradewegs in meine Kindheit zurück... Mit Guacamole bestrichen wird aus einem Maismuffin fast schon eine kleine Mahlzeit.

Trockene Zutaten

190 g Mehl (Type 405 oder 550)

210 g Maismehl

3 TL Backpulver

1 TL Salz

Feuchte Zutaten

400 g Buttermilch

75 g Butter, geschmolzen

2 Eier

180 g Maiskörner

$^1/_2$ grüne Paprikaschote, von Stielansatz und Samen befreit, fein gehackt

Für die Guacamole

1 reife Avocado

$^1/_2$ rote Paprikaschote, von Stielansatz und Samen befreit

Saft von $^1/_2$ Limette

1 Kirschtomate

1 EL gemahlener Koriander

1 TL Salz

$^1/_2$ TL schwarzer Pfeffer

1 TL Olivenöl

Den Backofen auf 220 °C (Umluft 200 °C) vorheizen. Die Muffinförmchen vorbereiten (siehe Seite 6).

Die trockenen Zutaten in einer Schüssel mischen. Buttermilch, flüssige Butter, Eier, Mais und Paprikawürfel im Mixer oder mit dem Pürierstab fein zerkleinern. Zur Mehlmischung gießen und zügig unterrühren. Den Teig gleichmäßig in die Förmchen füllen.

Die Muffins sofort in den heißen Backofen (Mitte) schieben und 15–20 Minuten backen, bis sie außen goldbraun, innen aber noch weich sind. Zur Garprobe mit einem Holzstäbchen in ein Küchlein stechen. Wenn beim Herausziehen kein Teig mehr daran haftet, sind die Muffins gar.

Die Muffins aus dem Ofen nehmen. Kurz abkühlen lassen, dann aus den Förmchen lösen.

Für die Guacamole die Avocado halbieren, entkernen und das Fruchtfleisch aus der Schale heben. Die Paprikaschote grob zerkleinern. Die Tomate halbieren. Alles mit den restlichen Zutaten im Mixer cremig pürieren. Die Muffins mit der Avocadocreme bestreichen.

BANANE-KARAMELL

In New York sind glutenfreie Speisen im Moment sehr gefragt – nicht nur bei Allergikern. Diese Muffins schmecken getoastet und mit etwas Butter und Honig oder Konfitüre bestrichen besonders lecker.

Trockene Zutaten

150 g weiche Karamellbonbons
mit Salz

500 g Reismehl (Reformhaus oder
Bioladen)

3 TL glutenfreies Backpulver (Reformhaus
oder Bioladen)

60 g brauner Zucker

1 TL gemahlener Zimt

1 TL Salz

Feuchte Zutaten

250 ml Milch

75 ml Sonnenblumenöl

3 Eier

1 TL Bourbon-Vanillezucker

200 g reife Bananen

Den Backofen auf 210 °C (Umluft 190 °C) vorheizen. Die Muffinförmchen vorbereiten (siehe Seite 6).

Die Karamellbonbons in kleine Stücke schneiden. Die restlichen trockenen Zutaten in einer Schüssel mischen.

Milch, Öl, Eier und Vanillezucker verquirlen. Die Banane mit einer Gabel fein zerdrücken und unterrühren. Die Milchmischung zur Mehlmischung gießen und zügig unterrühren.

Den Teig in die Förmchen füllen und die Karamellstücke aufstreuen. Mit den Fingern oder mit einem Teelöffel leicht festdrücken.

Die Muffins sofort in den heißen Backofen (Mitte) schieben und 15–20 Minuten backen, bis sie außen goldbraun und fest, innen aber noch weich sind. Zur Garprobe mit einem Holzstäbchen in ein Küchlein stechen. Wenn beim Herausziehen kein Teig mehr daran haftet, sind die Muffins gar.

Die Muffins aus dem Ofen nehmen. Kurz abkühlen lassen, dann aus den Förmchen lösen.

DORLING KINDERSLEY
London, New York, Melbourne, München und Delhi

Wir danken Jean-Pierre Ahtuam, Steven Alan , Arlette Coroan, Gabriel Coron, Damien de Meideros, Cianney de Seze, Tore Dok-kedahl, Jerry Grant, Roslyn Grant, Ingrid Janowski, Rachel Khoo, Benoit le Thierry d'Ennequin, Amaury Reboulh de Veyrac Blin de Grincourt, Jennifer Wagner, Andrea Wainer

Lektorat: Natacha Kotchetkova

Für die deutsche Ausgabe
Programmleitung Monika Schlitzer
Projektbetreuung Elke Homburg
Herstellungsleitung Dorothee Whittaker
Herstellung Ines Tuszynski

Bibliografische Information der Deutschen Bibliothek:
Die Deutsche Bibliothek verzeichnet diese Publikation in der Deutschen Nationalbibliografie; detaillierte bibliografische Daten sind im Internet über http://dnb.ddb.de abrufbar.

Titel der französischen Originalausgabe:
MUFFINS

Der Originaltitel erschien 2008 in Frankreich bei Hachette Livre – Marabout, Paris

© Marabout 2008

Übersetzung Carmen Söntgerath
Redaktion Petra Teetz

ISBN 978-3-8310-1839-0

Printed in China von Leo Paper Products Ltd.

Besuchen Sie uns im Internet
www.dorlingkindersley.de